Livet
i
BACKSPEGELN

Barbro Edman

Förord

Min andra diktsamling handlar om tro och förtröstan. Gud hjälper genom sjukdom och livskriser och Guds nåd och kärlek har burit mig genom allt.

Nyhetsrapportering och en del tidningsartiklar har gett mig tankar och funderingar, om hur världen ser ut runt omkring oss. Mina barn och barnbarn ger mig mycket glädje som jag är mycket tacksam för.

Jag vill särskilt tacka min son Tobias och Hanna Eriksson som hjälpt mig med layout och utformning.

Barbro Edman

Förlag: Books onDemand GmbH, Stockholm, Sverige
Tryck: Books onDemand GmbH, Norderstedt, Tyskland

Formgivning omslag: Hanna Eriksson
Foto: Hanna Eriksson, Barbro Edman

ISBN: 978-91-7463-523-2

INNEHÅLLSFÖRTECKNING

GUDS KALLELSE

Gud såg en pojke som Han ville använda
Gud sa till honom – Dig vill jag sända
Berätta om den evighet som väntar alla
Men först måste du be och Mig åkalla!

När kapellet stod klart och invigning skulle ske
I styrelsen satt några män och pappa var me´
Sionförsamlingen var snart en verklighet
Det var många som av glädje slet.

Att lova Hans Heliga namn naturligt var
Det var ett uppdrag som stolt pappa bar
Sången och musiken skulle upphöja Gud
Det var många som fick höra Herrens bud.

Jesus Krist som frälsning till alla ger
Och den Helige Ande får man om man ber
Dopet i vatten, det heligt var
Visa för andra att han kallelsen bar.

Snart fanns en stor sångarskara
Väckelsen kom till alla som ville svara
Bibelstudieveckor var något mycket viktigt
För att känna att tron på Gud var riktigt.

Bibeln är grunden för att tro
Och Jesus som vill i hjärtat bo
Under sommartid restes tältet till möten
Både på Östra och Västra sidan sjön.

Pappa var en av männen så glada
Som alltid var med i en arbetsskara
Gitarrerna fraktades fram och tillbaka
För sångerna fick både dur och moll smaka
Det gick så mycket lättare då
När det fanns instrument att spela på.

Många predikanter, evangelister kom och gick
Pappa var alltid med och även som "vik"
När tjänsten ibland var vakant
Var det mesta för honom bekant
Många timmar var han ensam med Gud
För han ville tjäna och följa Hans bud.

När vårt uppdrag på jorden är slut
Vet endast Gud när vi ska få vila ut
Jag prisar Dig för alla dina under
Som Du har visat alla i många år!
Jag är tacksam att Du alltid har varit min
Tills en dag jag i Din famn får somna in!

MAMMA
Du var min älskade mamma
Du fick hushålla med lite, men
Gud välsignade brödet på bordet
Precis som det står i Ordet
Du tackade Gud, var glad att vi var mätta
Så att du i arbete oss kunde sätta.

Sommaren var skön med grönska och sol
Men inom dig bad du en bön, att klara allt knog
Att arbeta från morgon till kväll
Sätta potatis, morötter och dill
Rensa ogräs i land och rabatter
Då är det orken som måste till.

Plocka bär av alla möjliga slag
Vandra runt i skogen helst varje dag
Du var så rädd för älgen den stora
Men vi var ju så små och svaga.
Rensa ogräs var inte så roligt
Särskilt när det var fint och soligt.

Ofta jag ensam i landet fick stå
Min bror försvann, vill till kompisar gå
Jag arbetade för att göra mamma glad
Det blev så fint bland blommor och blad
Jag såg ibland att mamma fällde en tår
Och tacka Gud så mycket för just igår.

MIN FASTER

Min faster uppe i backen var en glad prick
Vi fick leka och springa i trapp
Hon bjöd oss alltid på något gott
Saft och bullar, ibland en karamell, flott!

En lekstuga på gården fanns
Där lilla jag lekte som i trans
Den fina hunden var för mig en dröm
Kan jag också får en, var min bön.

Som söndagsskollärare var hon suverän
Och berättade att Jesus var min bäste vän
Personerna på flanellografen fick liv
Om bibelns berättelser fick jag bra perspektiv
På sparbössan en mörk liten pojke satt
När jag gav en slant nickade han glatt.

När det var söndagsskolfest skulle vi sjunga bra
Och faster ville ibland mig som solist ha
Jag var lite rädd och väldigt blyg
Och tittade på min faster i smyg
Då gick det riktigt bra
Och jag gjorde henne glad!

BARNDOMSMINNEN
Pappa sa - Nu ska vi småvägarna gå!
Vi gick omkring och i varje ficka, varje vrå
Fanns det något gott som jag kunde få
Det bästa fick vänta till sist
I källaren var det aldrig någon brist
När vi smaskade på en korvbit
Var det som en hemlig rit.

Pappa sa – Kom ihåg att inte berätta
Det är bäst att ingen vet
För det är vår hemlighet
Inte ska vi hungrig behöva vara
Pappa, vad ska jag göra nu då?
När det är vi som är hemma bara.

I PAPPAS NÄRHET
DE SISTA DAGARNA HEMMA
Om än det blir sen kväll
Blir det ändå en riktig karusell
När jag är tillräckligt stressad och slut
Slås flera av kroppens funktioner ut.

Jag glömmer ta min medicin
Glömmer att äta och dricka
Ibland vill jag livet få slippa
Och bara härifrån få sticka
Nej, jag måste tvätta och köpa mat
Det är naturligtvis självklart
Men de nätter jag sen får sova
Blir det härligt, vill jag lova
Sen börjar jag känna hunger och törst
Krafterna ökar. Tack Gud, Du är störst!

OLYCKA PÅ ARBETSPLATSEN

Telefonen ringer en eftermiddag för länge sen
En röst meddelar – Din man kommer inte hem!
Jag känner en isande kyla som gör mig stel
Jag frågar mig – Vad är det för fel?

Jag ringer min svärmor på stans lasarett
Och berättar för henne vad som skett
Hon tar med sig sin dotter till akuten
Och ska genast meddela mig sen.

Skräcken jag känner gör mina tankar klara
Ska ringa en jobbarkompis bara
Hon måste ta hand om min flicka
Så att jag fort kan till lasarettet sticka
Men först måste jag laga lite mat
Så nu blir det att sätta lite fart.

Snart är jag på väg till min man
Jag träffar honom och ler så gott jag kan
Frågorna stockar sig i min mun
Men känner att jag kan åka hem om en stund
Till mitt älskade barn och till min vän
Tiden ska utvisa hur det kommer att bli sen
Efter den dagen blev ingenting som förr
Allt var fördolt bakom en stängd dörr.

NÖDLÄGE

Vår son ska snart fylla 2 år
En julidag undrar jag hur han mår
Verkar ha feber och vill inte äta mat
Ringer och en sjuksköterska kommer snart.

Nu blir det ilfärd in till lasarettet
Och jag är kvar hemma hos dottern
Jag åker dit, han ligger stilla på sin vita bädd
Jag bara stirrar på honom, jag är så rädd.

En slang i näsan och en droppnål i halsen
Jag frågar oroligt doktorn – Hur blir det sen?
Doktorn vet inte hur det här ska gå
För sånt här kan ibland drabba de små.

Jag är förtvivlad men doktorn säger – Åk hem
För han sover nu, kom hit i morgon igen!
Jag är inte nöjd och vill verkligen veta allt
Och får så höra det jag inte vill
Då känns mitt hjärta isande kallt
Klarar han sig över natten går det nog bra
Då överlever han och allt är som det ska.

Jag känner mig förlamad, fattar ingenting
Sjukdomen är oviss och det är bara att hoppas!
Jag och min man ber i förtvivlan till Herren
Ringer vänner och får hjälp i bönen hela kvällen.

På morgonen återvänder vi, farfars sköter dottern
Sonen lever och han får en jobbig behandling
Min man sitter sen hos honom hela natten
Vår son kan inte ens dricka en klunk vatten.

Efter några dagar har läget blivit stabilt
Vi får åka hem, men inom oss
är det kamp och strid
Vi lever i en bubbla, i en overklighet
Vi klamrar oss fast vid Gud, Han som allting vet!
Vi ska ingenting ta för givet!
Jag tackar Gud för livet!

MIN SJUKDOMSBILD

En dag låg jag i sängen med värk i hela min kropp
Något inom mig sa, att nu är det stopp
Med både familj, arbete och en oviss morgondag
Jag måste få chefen att förstå
Att en förkylning inte får mig så svag.

Jag går på läkarbesök för att få diagnos
Men blir bemött med tvivel
och får friskhetsprognos
Det låter bra men jag har så ont, gråter och går hem
Varför förstår ingen? Det är jag som kommer i kläm
Mellan sjukdomstillstånd, inbillning eller vad det är.

Jag känner mig värdelös och är bara till besvär
För arbetsgivare, Försäkringskassan,
vården och vänner
Men min kropp säger ifrån och bestämmer
Jag orkar inte längre med mitt vardagsliv
Och varje dag lever jag i ett vakuum, i en strid.

Med envisheten får jag träffa en läkare som förstår
Han håller med mig om att arbetssituationen är svår
Jag får hjälp att göra något annat
Då börjar något nytt, livet har inte stannat.

JAG SER DÖDEN I VITÖGAT
Idag har jag bestämt mig att åka hem
För nu är det på bli ganska länge sen
Inom mig känner jag besvikelse och frustration
Kan kärleken verkligen ha en sådan dimension?

På fin asfaltväg susar jag fram
En kurva och så lösgrus och damm
Blixtsnabbt tänker jag – Gasa inte!
Bilen glider lätt över asfalten igen
Men så blir det lösgrus en bit till
Blir rädd, tappar kontrollen, blir rådvill.

Bilen tar sin egen väg och åker nerför en slänt
Nu dör jag eller blir skadad, tänk!
Mina barn, mina barn!
Sen blir det plötsligt stopp
Står mitt bland buskar, slutet på dagens lopp
Får upp bildörren med lite våld och tar mig ut
Det är tydligen inte helt kört, kanske ett bra slut?

Några kommer springande, vad i all världen?
De tror jag ligger död efter bilfärden
Ambulansen och polisen redan på vägen står
De vill ta reda på hur jag egentligen mår.

Mitt första bekymmer är bilens funktion
Och hur jag ska få upp den ur diket för reparation
Allt som händer är en rörig tankeverksamhet
Vad gör jag nu? Känner ändå stor tacksamhet!

Polisen hjälper mig att frakta bilen till en gård
Själv behöver jag nog inte alls någon vård
Jag måste försöka ta mig hem igen
Får låna telefonen att ringa en vän
Allt ordnar sig bra och jag får hjälp och stöd
Det är skönt att ha vänner när man är i nöd.

Morgonen efter kan jag inte röra huvudet fritt
Och huvudvärken går inte alls att bli kvitt
Hela kroppen är verkligen utslagen
Jag mår illa och har ont i magen.

En resa till akuten känns nödvändigt idag
Blir dåligt bemött av en läkare av värsta slag
- Åk hem och du ska se att om tre veckor är du bra!
Med de läkande orden är väl allt som det ska.

Dagar och veckor läggs till min nådatid
Men med försäkringsbolaget ska jag ta strid!
Varför fanns inga varningsskyltar uppsatta
där vägbanan skulle lagas? Vem ska fatta?

Trafikverket borde väl ta sitt ansvar?
Rapporten bekräftar fakta, men får ett nekande svar
Ansvaret är helt och hållet mitt eget
Att köra på befintligt underlag och eget vett
Livet fick efter denna dag ett annat livsvillkor
Av min bilkarriär fanns sen inte ett spår.

HEMLÖS

Byggfusk och konkurs –
Människor hamnar i förtvivlans djupaste dy
Finns det ingen utväg? Vart ska vi fly?
Utslängd på gatan och prylar i kartonger
Utestängd från allt vårt eget
Inte en enda granne som ser
Vinster i banker och byggföretag,
ödelägger ekonomin och ställer till med obehag
Den lilla människan känns som
en samhällssmitta av allra värsta slag

Rättssystemet spårar ur och ingen
ställs till svars för det som har hänt
Mygel och lögner,
alltsammans är som ett dåligt skämt
Skulder av oöverskådliga mått,
följer med resten av livet
Hur tar man sig ur skuldfällan?
Var står det skrivet,
hur man kan få hjälp att gå vidare i livet.

Barnen drabbas hårt
De tycker att allt känns meningslöst och svårt
Det som vi äger är väl ändå vårt?
Vem bestämmer när samhällets skyddsnät
har alldeles för stora hål?
Den lilla människan har totalt tappart bort sitt mål
Människan ska en gång dömas efter sina gärningar
Avlägga räkenskap inför Gud!
Det står skrivet i ordet och är Guds bud.

ÄR DET NÅGON SOM FÖRSTÅR?
Jag har haft min sjukdom i 24 år
Inte många fattar och förstår
Hur kan man veta, när man inte kan förstå?
Jag får goda råd: Gympapass, yoga, ut och gå!

Det känns som att gå på en skogsmyr
Ibland sitter man helt fast i dyn
Fötterna och benen känns stela som pinnar
En värktablett kan ibland lindra.

När solen skiner och värmer i annat land
Och den heta solen steker på hand
Då kommer jag loss från min kroppsboja svår
Är det någon som verkligen förstår?

VILSEN

En liten människa vandrar i en stor okänd stad
Okända människor rusar fram och tillbaka
i en lång rad
Vart är jag på väg? Monica, ser du mig just nu?
Jag såg dig vid frukosten senast i morse klockan sju
Stannar plötsligt upp en stund, ser mig omkring
Ser på alla byggnader som finns överallt
och andra ting.

Plötsligt står några personer här bredvid
Så kul att se dem! Nu kan vi gå, har gott om tid!
Besöker den gamla kyrkan och ser hur det var förr
Det känns så spännande
att gå ge genom kyrkans dörr.

På livets väg måste man vända uppåt sin blick
Inte se sig bakåt när jag det sköna livet fick.

21

DEN MÖRKA NATTEN

I den mörka natten ropar jag till Dig
Jag gömmer mig under Dina vingar
och Du skyddar mig
Mina frågor och mina varför, min Gud, hör!
Jag kan inte förstå varför det svåra mig förgör
Mina barn, det käraste jag i livet har
Jag suckar och vill så gärna få svar!

VEM ÄR DU?

När jag mötte dig var jag sliten och trött
Då väcktes något inom mig som varit dött
En lång resa började just denna dag
Ibland besvärlig, kände mig så svag
Ibland härligt, svårt att beskriva i ord
Ibland var jag en lycklig människa på jord.

Flera år som gick med glädje och smärta
Vissa dagar med ett krossat hjärta
Jag fick brottas med sjukdom och oro
Men trots det var Gud en trygg bro.

Åren gick och min smärta var svår
Hjälpte det inte vad jag hade kvar från igår
Varför blev allting så svårt och varför lever jag?
Varför finns det så lite som gör mig glad?
Vad ska jag ta mig till? Jag vill gärna må bra
Vem kan hjälpa mig att finna ro?
Jag vill ju bara har någonstans att bo.

När jag såg Guds ofattbara kärlek och omsorg
Ville jag så gärna hitta hem till en säker borg
Allt förändrades och livet måste gå vidare igen
Jag är tacksam att jag har fått lära känna en vän!

FÖRSTA BARNBARNET

När jag håller det varma lilla knytet i min famn
Viskar gång på gång ditt fina namn
Himlens doft har kommit till jorden än en gång
Jag hör änglarna sjunga en helt ny sång.

Mitt hjärta berörs och jag känner obeskrivlig lycka
Jag förundras hur Du Gud,
något så vackert kunnat smycka
Jag ber Dig att ta hand om detta barn
Bevara henne alla dar från frestarens garn!
Du som själva livet skapat har
Låt oss leva i Din vilja alla dar!

STJÄRNOR PÅ MEDIAHIMLEN

En del stjärnor kommer högt upp på mediahimlen
En del stjärnor kommer upp och faller lika fort
En del stjärnor är redan glömda i samma stund
En del stjärnor blir berömda
för att spela falskhetens kort
Skandalerna följer dem resten av livet
Döden knackar på och den trasiga människan
står plötsligt vid dödens port.

Jag undrar ibland om de stora stjärnorna
har haft ett lyckligt liv?
De kanske måste bedöva sin smärta och ångest
som de så ofta gjort
Jag vill vara en stjärna i Guds himmel
och vara välkommen in genom himlens port!

LIVSSTIL

Fin villa, gräsmatta, blommor, husvagn och bil
Det är just det som idag är människans livsstil
Man vill visa upp sin allra bästa sida
Inte vara annorlunda än alla andra.

Det är det som tycks vara livets stora lycka
Kanske inom hemmets väggar är det olycka
Gråt och förtvivlan bakom glänsande fasad
Om än man har vackra barn på rad.

VEM BÄR ANSVARET?
Vem bär ansvaret för alla
trasiga människor i vår tid?
Producenter och företag som vill tjäna pengar
Det är en ekonomisk strid
Människorna som fastnat i klorna på vinstintressen
Bland producenter och företag
Har samhället ansvar att hjälpa
De som inte orkar leva en enda dag?
Samhällsekonomiska kostnader är skyhöga
Men vänta nu ett tag?
Vad kan jag själv göra, vad är mitt ansvar?

Jesus lärde oss att älska varandra
Och behandla andra väl
Jesus älskade alla med hela sin själ
Jesu stora kärlek visade han
Med döden på ett kors
Hjälp oss att vägleda de små
Visa kärlek och omsorg
Till dem som vi har omkring oss!

LIVET ÄR EN GÅVA
Livet är en gåva, inte en rättighet
Livet är en gåva, ingen självklarhet
Att leva är att möta Gud i ord och bön
Att leva är att vara i Guds närhet skön

Att leva är att dö
Att komma Gud riktigt nära
Att dö är att leva i himlens härlighet
Med sina nära och kära

SKULDFÄLLAN
Jag har suttit i skuldfällans käftar
Jag var ett diarienummer som bekräftar
Att människan hade ett värde på noll
Och jag hade absolut ingen koll
över livssituationer och vad som skulle hända
Jag hade inget människovärde och undrade ofta
- När ska det vända?
Hopplöshet och förtvivlan var vardagsmat
- Hur länge orkar jag utan att känna hat?
Gud, Du som bryr dig om varje människoliv
löste mig ur skuldfällan så jag kunde ta nästa kliv.

FÅGELNS FRIHET
Den instängda fågeln var av sorgen böjd
Nu flyger den äntligen fritt mot himlen höjd
Det mörka och svåra börjar sakta blekna bort
När fågeln kommer högre och högre opp
Det känns så lätt att äntligen leva här
Vindens kraft bär framåt mot ny atmosfär.

VARFÖR TVIVLAR DU, MITT BARN?

Varför tvivlar du mitt barn att jag ska svika dig?
Jag som gav dig livet har omsorg om just dig
Jag håller mina löften vad som än händer
Både i stort som i smått
Jag följer dig hela vägen in i framtiden
Likt dagar som redan har gått.

Min gränslösa kärlek flödar fram som en flod
Den ger dig kraft genom korsets renande blod
Jag står vid din sida ända in i himlens fröjd
Prisa och tacka mig alltid
Då får du känna dig nöjd!

GUD KAN!

Gud kan och vill göra det som är bäst för oss
Han rättar till det som vi undrade över
Han lyser upp vår väg med sina stjärnebloss.

Jag kan inte riktig fatta och förstå
Jag är ju bara en helt vanlig människa ändå.

DIN DOTTER ÄR SJUK
Min dotter är sjuk, allvarligt sjuk
Hon ringer själv ambulansen
Hon är svullen i halsen
och kan inte svälja
Jag skyndar dit fast jag helst
hade velat slippa välja.

Hon ligger blek
och medtagen i sin bädd
Doktorn avvaktar behandling, medicin
Och jag är riktigt rädd
Efter några timmar är vi
på en avdelning på infektion
Diagnos: Körtelfeber och ska få medicin
Men det behövs ingen operation.

Hon ligger där så hjälplös
och väldigt svag
Tänk, att jag får uppleva
en sådan tråkig dag
Medicinen för henne
in i en helt annan värld
Hon är inte kontaktbar
Jag fuktar hennes läppar
Säger hennes namn
Men får inget svar.

Nästa dag är inte bättre än igår
Så småningom blir sjukdomen inte lika svår
Efter flera dagar följer jag henne hem
Hon har svårt att svälja
Både mat och medicin
Jag gör mitt bästa dag och natt
För att vårda dottern min

Snart går svullnaden i halsen bort
Krafterna återvänder
Men det går inte särskilt fort
Så småningom blir hon helt återställd
Jag tackar Gud för Hans hjälp!

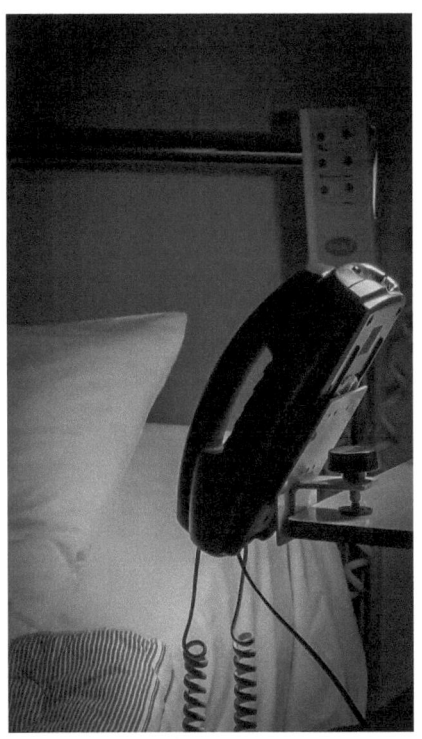

GUDS PUSSEL

Vi ropar till Gud i vår förtvivlan och nöd
Vi ber till Gud om hjälp och stöd
Varför lyssnar Du inte Herre?
En dag kommer bönesvaret
Ibland tar det flera år
Ibland bara några dar.

Då läggs den ena pusselbiten
efter den andra – Guds svar
Med lycka och förvåning ser vi allt
från ett helt nytt perspektiv
Det bekräftar att det som sker
Är helt efter Guds egna direktiv.

En bekant orkade inte leva längre,
när Sverige stod i sin vackra sommar-
skrud. Den endag utvägen hon kunde
se var att bara få somna in. Sorgen är
obeskrivlig för anhöriga och vänner.

VAD LEVER JAG FÖR?
En ung människa i sina bästa år
Som inte orkar leva längre, fast hjälp hon får
Under årets ljusa och ljuvliga årstid
Pågår inom henne en outhärdlig strid.

Livet känns värdelöst att leva,
ingenting är bra
Vad finns här och nu?
Är det ingenting att ha?
ska allting lämnas kvar här?
Kanske är det bättre någon annanstans,
vem vet säkert?
Kanske får jag ändå en segerkrans?

I Guds ord finns löften om en annan värld
Långt bort från jordens ytliga flärd.

”Ty så älskade Gud världen
Att Han gav den sin ende son
För att de som tror på
Honom Inte ska gå under
Utan ha ett evigt liv!"
Joh3:16

LIVETS RIKEDOM

En idrottsstjärna badar i pengar varje dag
Det får mig att tänka till ett tag
Vem sätter prislappen på stjärnans prestation?
Vem tar ansvaret vid en ny situation?
Vem betalar när läget plötsligt blir akut?
Hjälper fullvärdesförsäkringen vid livets slut?

Himlens villkor räknas från döden på ett kors
Jesus dog och uppstod
gav evighetsförsäkring åt oss
Försäkringsvillkoren lyder:
Tro på Jesus och be din förlåtelsebön!
Då får du lön i himlen
och en vila skön!

I ett TV-program berättade en man
om hur hans liv hade sett ut - 30 års
missbruk från tidiga ungdomsår.
Det började med alkohol och sen blev
det tyngre droger. I 30 år levde han i
värsta misär, blev fri när han mötte
Jesus, men fick flera återfall.
Ett tragiskt människoöde!

MISSBRUK
Reklamen handlar om att dricka alkohol
Det förgyller livet men skymmer vårt slutliga mål
Att äta och festa, ta bara en liten drog ibland
Det gör ingenting, är inte farligt alls
Fast det är starten till en brand
Den äter upp människan inifrån och förstör.

Splittrar familjen, ödelägger ekonomin
Hemlöshet, ligger snart i en trappuppgång utanför
Spillrorna av vraket samlas ihop
Vägen tillbaka kanske inte ens blir av
Flykten från det verkliga livet blev en grav.

GUD SKAPADE HELA VÄRLDEN

Gud skapade hela världen på sex dar
Det sköna i naturen är
som en fläkt från himlen klar
Att livet skulle komma till
genom en explosion
är svårare att fatta
Det måste vara en illusion
Gud, du som är Herre i evighet!
- Dig tror jag på!
Det är många som vet.

*Drottningen av England firade
60 år på tronen. Det firades med
storslagen fest i London. Det ligger
till grund för denna dikt.*

HYLLNINGAR

*Fyrverkerier och ljusspel i oerhörda dimensioner
när drottning Elisabet hyllas
Tänk, att en enda person
kan få hela staden att fyllas,
med jublande människor med flaggor i hand
Då måste det vara ett patriotisk land.*

*När Jesus kommer tillbaka och hämtar sin brud
Blir de som tagit mot nåden klädda i en ny skrud
Gud är Härskaren i himlarymden
och har segrat över synden och döden i all evighet!*

GUD ÄR TROFAST

"Gud är trofast så ljöd sången"
En textrad från en välkänd sång
Den gäller i dag, igår
Den gäller dig, fast vi inte förstår
Att Gud är vår Herre,
vår trofaste vän
Han följer oss varje steg vi tar.

Jag kastar min börda på Dig, Gud
Jag vill få hjälp av Dig
att hålla Hans bud
Då ska välsignelsens regn
vattna min torra jord
Och själva livet börjar spira och gro
Gud är trofast, det ljuder
i himlarymden starkt och klart
Tack Jesus, att Du kommer tillbaka snart!

VITT BLIR SVART

Vitt blir svart och svart blir vitt
Genom hela historien och i varje typsnitt
finns religionen där med sina mörka avsnitt
Rik eller fattig, fattig eller rik
Ditt liv blir mitt
När man ska uppnå sina egna mål
Kan allt som är fel idag vara rätt igår.

BEGRAVNING

När det blir begravning står den döde i centrum
Allas uppmärksamhet riktas på kistan i kyrkorum
Då är det försent att hälsa på
och säga det som borde sagts just då
Det är försent att säga hur snäll du var
och säga – Förlåt, jag menade inte det jag sa!
Varje tillfälle vi får måste förvaltas rätt och bra
Morgondagen har vi inget löfte om ida´.

DÖDSANNONS
En fin titel i en dödsannons låter väl bra?
Hur viktigt är det och är det något att ha?
När livsresan för alltid har avslutats
Har titlar och förmögenhet redan förbrukats.

Alla lämnar denna världen lika fattiga
som vi kom hit
Må vi ta vara på livet idag
och livets korta bit
Evigheten räknas inte efter livets mått
Vi ska vara redo att räkna med Gud
Just nu och alla dagar som gått.

MITT LIV
Mitt liv är en flyende minut
Evigheten är oändlig, utan slut
Vad gör jag av mitt korta liv?
Låt det inte bara bli ett tidsfördriv
Gud, låt mig få vara ett ljus för Dig
och visa människor till livets stig
Det livet som betyder allt
Och få gå Dina ärenden som Du befallt!
Då ska jag lova och tacka Dig, Gud
att jag får vara Ditt lilla sändebud!

PRÖVNINGAR

När prövningen kommer ska jag inte prövas
över min förmåga
Många gånger vill jag försöka förstå
och Herren fråga:
Varför händer det här just nu och varför just jag?
Gud har lovat att vara med mig alla dagar
fast jag är så svag
Det är som att jag tar på mig en flytväst, perfekt
För att inte sjunka till havets botten direkt
Jag får vara trygg i Guds starka Fadersarmar
Jag tackar dig för Din trygghet
och att Du över mig förbarmar!

ETT ÖGONBLICK – EN EVIGHET

Ett ögonblick – en evighet
Hur det ligger till är det bara Gud som vet
Tack Jesus för frälsningen i Ditt namn
Där finner jag en lugn och säker hamn
När Jesus kommer och hämtar sin brud
Ler änglarna och bländas av min vita skrud
Himlens konsert blir ett stort CRESCENDO
Himlen, där jag evigt ska bo!

RESAN ÄR ÖVER

När jag lägger till vid himlens kust är resan över
Då är jag framme och har allt det jag behöver
Visum och pass fick jag av Jesus när jag blev frälst
Hans död och uppståndelse gäller för vem som helst
Ta emot den största gåvan i universum
Då får du nyckeln och får bo i himlens eviga rum.

GUDS FAMN

När mitt liv är slut
Vill jag somna in i Din famn
Jag tackar Dig och viskar Ditt namn
Tack för livet jag har fått!
Tack för Din glädje i stort som i smått!
Tack för Din hand som burit mig hem!
Tack för den eviga vilan i himmelen!

BÖNESKÅLAR

Våra böner läggs i gyllene skålar
framför Guds tron
Det ger oss förbindelse med evigheten
och himlabron
Må vi få del av Hans välsignelse, jag ber!

OS-MEDALJ
Guld-, silver- eller bronsmedalj?
Vad gäller det?
Några hundratals sekunder kan skilja dem åt
De tävlande tränar varje dag i flera år.

Ibland kan man kallas och bli en legend
Det är fortfarande en människa som är känd
Livet blir meningsfullt, de upphöjs och äras
Om de drabbas av skador, ut på bår de får bäras
Då har alla drömmar plötsligt gått i kras
De kanske aldrig mer kan komma tillbaks
i samma fas.

För att vinna himmelens guldmedalj och ära
Går det genom korset som Jesus fick bära
Tro på Jesu renande blod, ja tro!
Då får du syndernas förlåtelse och finner ro!

HUR SER VÄRLDEN UT?
Människan lever över jordens alla tillgångar
och värden
Människan lever som om vi alltid ska bo
här i världen
Krig, jordbävningar, hungersnöd
drabbar jordens alla folk
Nyhetsrapporteringar avlöser varandra, vår tolk
Varför detta oerhörda lidande och sorg?
Jag är så tacksam att Gud är min trygga borg
Vad än som händer och världens elände
Vill jag tacka att Gud sin Son till oss sände!

GUDS KÄRLEK

Guds kärlek är som hela universum –
obegriplig och oändlig
Guds kärlek är som himlavalvet –
oändlig
Guds kärlek är som stjärnevärlden –
oändlig
Guds kärlek är som solljuset
som flödar över mig
Guds kärlek är som luften jag andas
och fyller mig
Guds kärlek är som de stora haven
som omsluter mig
Guds kärlek är att ha gemenskap
med Jesus, Sonen Din
Stor glädje och tacksamhet fyller mig!
Tack för att Du alltid är min!

GUDS GEMENSKAP

Bönen är ett samtal med Gud och
som bygger på en nära relation
Bönen är en kraft för att kunna
möta varje dags situation
Bönen är en relation
Där jag får vara som jag är
Du, Gud, talar till mig och jag vet
att Du har mig kär.

Dessa samtal är viktiga i kontaken
med Gud min Far
Den ger mig livskraften och bevarar mig
och jag får bönesvar
Jag vill tacka och prisa Dig
för att vi få ha en nära relation!

SKAPELSEN

Gud skapade dig och mig till sin avbild
Livsanden inblåstes – en evighetsvind
Kroppen är ett tempel
inte byggd av människohand
Gud ser på hela sin skapelse, berg och land
Blommor och djur gör naturen skön
Vind och regn, solens ljus och gräsmattan grön
Guds skapelse är en försmak av himlens härlighet
Jag vill komma dit!
När, är bara Gud som vet.

TECKNA DITT NAMN I MITT HJÄRTA
Teckna Ditt namn i mitt hjärta
med Ditt blod från dödens smärta
Ställ mina fötter på en stadig klippa
Så att jag dagarnas oro kan slippa
Då har frid och trygghet
Du leder mina steg
tills jag når mitt himmelska Hem!

DAGSNYHETER

Nyhetssidorna i dagstidningen flödar mot mig:
- Greklandskrisen får EU att knaka
- *Vattenkrig i Ö-konflikt*
- *Ny olycka i dödskorningen*
- *En man hittades död i hemmet*
- *Flygplan kraschade*
- *Landsbygden hårt drabbad av stölder*
- *Småföretag blir utpressade*
- *Tintinböcker ingen problem*

Vad tänker jag? Vad gör jag?
Hur ska jag kunna må bra
 i denna negativa värld

I dödsannonser
finns symboler från gitarr till gevär
Som beskriver livets nöjen och besvär
Inför evigheten finns inget annat
än Jesu dyrbara kors
Det ger oss himlen,
En evig boning för oss!

En artikel i dagstidningen handlar
om ett gammalt hus kallat Rosa Huset.
Det har varit föremål för debatt i
många år. Ska huset renoveras
eller rivas? Det är väldigt dyrt att
renovera, men kulturarvet är
viktigt för många medborgare
i Umeå. Nu kommer domen;

ROSA HUSET RIVS!
En nyhet på första sidan
"Rosa huset rivs idag".
Ett tio års drama med debatt
och artiklar av olika slag
Ett hus som ständigt underhållas
för att inte förfalla
Experter diskuterar och tiden går
Huset åldras, det vet ju alla.

Sen finns ingenting kvar att rädda
För alltid får grävskopan
huset i jorden bädda
Tänk, om alla skulle tänka
på sin egen livstid
För att en dag få somna in
I Guds underbara frid!

Jag har läst en bok av Bill Wiese,
som heter "23 minuter i helvetet".
Boken gjorde ett oerhört starkt intryck
På mig. Det är en verklighet att
helvetet finns, för människor som
inte blir frälsta innan de dör.
Det talar Bibeln om på många ställen.

HIMMEL ELLER HELVETE
Helvetet finns och befolkas
av djävulen och hans änglar
Där råder ett mörker
med ändlig pina och nöd
En evig osläckbar eld
som är ditt eviga bröd
En törst och de hjärtskriande
ropen är kompakt
Onda väsen och demoner
har över dig sin makt.

Du är totalt utelämnad
och Gud finns absolut inte där
Bekänn dina synder och tro på Jesus
just nu och här!
Sök Herrens ansikte med
ett öppet sinne och ärligt hjärta!
Där kan du lämna all möda
och all din smärta
Prisa Jesus, Kungars Kung
och tro på Hans ord!
Då får du komma till Guds himmel,
En evighetsflod!

SOMMARLÄNGTAN

Mitt i vintern när snöflingorna faller tätt
och det blir drivsnö
Då längtar jag till våren
När solen värmer och det blir tö.

Det mörkaste vintermörker löses upp
och ljuset kommer fram alltmer
Då kommer livet fram
och när snödroppar och krokus vi ser.

Det nya livet, den nya våren
visar sin kraft
Och förvandlar det mörka
och svåra vi har haft.

En ny tid med sol och värme
En tid med framtidshopp
Naturens skönhet och Guds prakt
Är ett underverk i Nordens kretslopp.

När våra dagar på jorden
är slut och till ända
Har Gud berett en boning åt oss
Dit Han oss vill sända.

BARNBARNEN - TIDEN GÅR

I dag har det lilla knytet snart 4 år
Det är ofattbart hur fort tiden går
Du är en pigg tjej som vill visa vad du vill
Mormor hinner inte med
för du står aldrig still
Du har energi och har uppmärksamhet
På allt som ingen annan vet.

Din lillasyster hänger med och vill vara med
När hon inte riktigt förstår
tittar hon förundrad på och ler
Barnen är en Guds gåva förunderlig och stor!
Barnen är till välsignelse för far och mor!

GUD VALDE MIG

Gud utvalde mig redan i moderlivet – Just jag
Gud kallade mig att tjäna
och göra något för andra
Jag svarade "ja" att gå Din väg
och framåt vandra

Ibland är det glädje, framgång och lycka
Ibland är det svårt att bry sig om
vad alla andra ska tycka
Jag kan känna mig trygg i
Guds sköna famn och vänta
Bönesvaret kommer när det ska
Gud vet sannerligen vad Han gör
Han ser hela min vägsträcka.

GUDS LÖFTEN

Gud har inte lovat ett liv
med sol och himmel blå
Inte en rak och bred väg där vi ska gå
Inte slippa motgångar och prövningar
Sorger med tår i ögonvrå.

Gud har lovat att vara med oss alla dagar vi får!
Gud har lovat att när vi ber ska vi få!
Gud har lovat att lyssna
och tillsammans med oss stå!
Gud har lovat en himmel
där vi sen får vila ut
En himmel där vi får bo till slut.

ETT OÄNDLIGT LJUS
Vetenskapsmän forskar och ser ett ljus
bortom det som kan mätas
Ett ljus som ingen förstår
En evig Gud som är bortom rum och tid
Hans makt är oändlig och ger oss evig frid
Vi får i tro bära fram till Honom
vad vi inte förstår
I dagar som kommer och allt som var igår.

SEMESTERMINNEN

ETT ANNAT LAND

Om jag tillhör ett annat land
och är medborgare där
Vad ställs då för krav på mig just här?
Måste jag vara mantalsskriven
och betala skatt?
Har jag rösträtt
och kanske affärsrabatt?

Hem- och olycksfallsförsäkring
och patientkort,
Visa-kort och allt som hör till
Sen kan jag väl göra
precis som jag vill?

När jag har mitt medborgarskap
i himlens rike
Är det ingen som någonsin
sett dess like.

Ett enda krav:
Tro på Jesus som Frälsaren
Då har jag tillträde
till himlens härlighet!
Allt är bara Guds nåd!
Jag tror och vet!

MARKNADSDAG PÅ GRAN CANARIA -
OVÄDER I NEW YORK

Folket strövar omkring och tittar på
Vad försäljarna har
En lugn tillställning
precis som alla andra marknadsdar
Plötsligt öppnar sig himlens fönster
och regnet vräker ner
Vinden piskar och försäljarnas varor
ska räddas, vad sker?
Vattnet blir decimeterhögt
på femton minuter
Folket ger ifrån sig förvånande stön
och kanske ber
När en del marknadsställningar faller omkull.

Vilken förödelse det blir
När vädrets makter tar över
Ännu värre katastrof händer
i stora staden New York västeröver
Den lilla människan är ingenting
När naturens krafter tar i
Tack Gud, att all makt finns hos Dig
nu och för alltid!

FOTFÄSTE

En man vinglar berusad fram till en gata
Hur ska han bedöma om han är en trafikfara?
Han lyckas klara sig, men med vilken risk?

När Gud inte får vara vår Herre och Far
Har vi tappat orienteringen
under våra korta levnadsdar
Vi vet inte var vi ska sätta vår fot
Och då tappar vi fotfästet
Som ett träd utan rot.

EN SKÖR TRÅD

I *trafikens starka brus ljuder ambulanssiren*
Någon badolycka eller sjukdom,
Hur blir det sen?
En skör tråd mellan liv och död är det vi har
Några sekunder och allt förändras,
Vad har vi då kvar?
Har du Jesus i ditt hjärta bär du på evigheten
En boning hos Gud och den eviga himlafesten!

SKY-DIVING

Att lämna allt till Herren är som Sky-diving
Att bara kasta sig ut i luften
Och lita på att skärmen vecklar ut sig
Lita på att färdriktningen är rätt
Och slutligen landa mjukt och lätt.

TEMPLO EMENICO
PLAYA DEL INGELS
I stor kyrka sitter jag
under Jesu kors
Det dyra Jesu kors
där en enkel man dog för oss
I detta hav av människor
från flera länder i Templo
Vad har alla dess människor
egentligen för tro?

Vacker musik från kyrkorgel
och klarinett
Drog människor hit för
att lyssna på sitt eget sätt
Två musiker med utbildningar
och lång meritlista
Deras dagar blir också dem
den allra sista
Vad gäller den dagen
eller om Jesus kommer tillbaka?
Då finns bara "Jesus-biljetten"
för att himlen få smaka.

MODERSHJÄRTAT

Modershjärtat brister när hennes son
misshandlas och snart ska dö
Att tron på Gud ska hjälpa,
är som det minsta lilla frö
Hur ska hon någonsin glömma
hans fruktansvärda plåga?
- Min Gud i himlen, hjälp mig
vara på min fråga?
- Jag visste att han var Guds egen Son
och att allt detta skulle ske!
- Hjälp mig Herre och Tack för att jag
har fått vara till välsignelse!

LIVETS MENING

LIVETS HAV

Jag seglar fram på livets vilda hav
Båten uppfyller alla säkerhetskrav
Vid rodret står Herren
och Han vet livskursen.
När dimman tätnar och jag ingenting kan se
Lägger jag min börda på Herren, bara be!

Han styr båten mot himlens säkra hamn
Där är jag till slut framme I himlens land!

MIN SLUTDESTINATION

En grav på en kyrkogård
är inte min slutdestination.
Min kartbok är bibeln
som ger mig rätt information!

Min guide är Jesus Kristus
och inte internet!
Gud har genom Jesu död
gett oss alla ett sätt

Att få gemenskap med Honom
och ett evigt liv som rätt.
Mitt hemland är
på en annan strand!
Där får vi glädjas
med änglarna i himlens land!

MITT LIVSVERK

Vad är mitt livsverk?
Vad lämnar jag efter mig?
Är det ägodelar och pengar
som någon vill ha?
Är det glädjen som fått andra
att må bra?

Är det telefonsamtal och besök
som jag velat ge?
Är det bönekammaren
där jag brukade be?
Är det tron på Jesus
och döden på ett kors?
Är det tron på uppståndelsen
och det eviga livets fors?

VAD LEVER JAG FÖR?
Vad lever jag för?
Vad är livets mening
innan man dör?
Ingenting får man med sig
i grav så kall
Är det något man ångrar
i något fall?
Må Gud få det största
och bästa man har!
Och fått Guds välsignelse
i alla sina dar!
Mitt livsverk som jag lämnar efter mig
vill jag ska ha ett evighetsvärde.
HERRE, hjälp mig och även dig!

HERREN VAKAR ÖVER DIG!
I bibeln, Ordspråksboken 20:27
"Herren vakar över människans livsande
och ser in i hennes innersta"

Gud har fullständig kontroll det är som det ska
Gud ser in i ditt innersta rum svårt att kanske förstå.

En människa är skapad till Guds avbild
Han har omsorg om oss sen vi var små.

Våra dagar är räknade efter Hans nådatid!
Vi lever en tid här på jorden
likt blommor på äng och lid.

Som avslutning vill jag påminna om en sång text:
HERREN är min starkehet och min lovsång
Han blev mig till frälsning
Han blev mig till frälsning
HERREN är min starkehet och min lovsång

Jesaja 12:2